AF468039

DE L'INFLUENCE MORALE DE LA LITTÉRATURE
SUR LA SOCIÉTÉ

ET

DE LA SOCIÉTÉ SUR LA LITTÉRATURE

LECTURE

FAITE LE 20 OCTOBRE 1861

A la séance du Mauritius Young Men's Association

PAR

DEUXIEME PARTIE

INFLUENCE DE LA LITTÉRATURE DANS L'ANTIQUITÉ
HÉBRAIQUE, EGYPTIENNE, INDIENNE
GRECQUE ET LATINE

IMP. DE LA SENTINELLE DE MAURICE

1861

INFLUENCE

DE LA

LITTERATURE

Dans l'Antiquité Hébraïque, Egyptienne, Indienne, Grecque et Latine.

Mylord, Mesdames, Messieurs,

La bienveillance avec laquelle la première partie de ma Lecture a été accueillie, est un précédent qui m'engage devant vous, avec une douce contrainte, dont il ne m'est plus permis de refuser la charge.

J'aurais voulu m'acquitter ce soir de ce qu'il me reste à vous présenter, mais je regrette que les limites restreintes qui sont assignées à une lecture publique, ne me permettent pas de tout achever dans la *deuxième partie* d'un sujet, dont l'attrait m'a d'abord trop vivement séduit, pour me faire découvrir toute la profondeur de la question. L'entreprise était hardie, je n'en avais pas bien mesuré le fonds presque insondable.... Mais, dans la suite, une étude plus âpre, favorisée par de plus amples loisirs, me fera peut-être enfin combler cet abîme ; alors cette esquisse que j'ai offerte à vos jugements, prendra peut-être les proportions d'un tableau plus complet, plus achevé, plus fini, qui s'attachera à réparer par la consciencieuse reproduction des traits les plus imperceptibles de la vérité morale et de la réalité historique, ce qui pourra manquer d'assurance au pinceau, et de richesse à la couleur.

L'intervalle, qui s'est écoulé entre les deux parties de ce travail, fera excuser quelques redites, qui ramèneront dans vos esprits l'enchaînement de mes réflexions.

Après une étude purement artistique sur le Livre, cette expression divine du génie littéraire, après une rapide exhumation des Sociétés de l'Antiquité, du Moyen Age, et des Temps Modernes, qui ont surgi avec la Renaissance, armée des foudres de l'Imprimerie, je me suis demandé quelles sont les qualités impérieusement nécessaires à l'homme de lettres, et pouvant communiquer une influence Morale aux trois manifestations de l'intelligence écrite : l'*Histoire*, la *Philosophie*, et la *Littérature, proprement dite.*

Après avoir posé ces principes sacrés, il me restait, comme je vous l'ai annoncé, à examiner l'Influence Sociale, que les écrivains des temps anciens, transitoires et modernes, ont exercée sur leurs contemporains, et je vous disais en outre que nous aurions dans ce vaste Examen Historique, à constater aussi avec regret, les impressions mauvaises que la Société aura pu laisser rejaillir sur un grand nombre de ces écrivains.

Cependant, je vous assurais que, malgré quelques écarts déplorables, les lettres avaient toujours eu de nobles initiatives. Il serait alors injuste de faire retomber le blâme flétrissant de l'opinion sur la milice sacrée de ces vaillants champions, qui ont mystérieusement fraternisé dans tous les temps, dans tous les pays, et dans toutes les langues.

Mais, en raisonnement, une assertion ne suffit pas, il faut même, s'il se peut, cimenter les argumens logiques par les preuves historiques. Je vous promettais à cet effet d'ouvrir l'Histoire des Lettres, pour combattre des adversaires légers ou de mauvaise foi, qui ont formulé en axiôme, que la Littérature est le fidèle reflet de la Société.

La promesse que je vous ai faite, Messieurs, j'essaierai de la tenir ce soir pour les temps anciens seulement; mais si ma parole est brève, si mon pas est hâtif, au milieu de ces récits puisés dans l'Histoire Universelle de la Littérature, vous aurez égard à l'heure inexorable qui marche, et me presse de ne pas dépasser ce terme délicat, au-delà duquel on ne peut que fatiguer un auditoire.

L'Antiquité hébraïque, égyptienne, indienne, grecque et romaine, vont défiler encore sous vos yeux, mais non plus comme sociétés constituées, mais comme incarnations de toutes les intelligences éminentes, qui ont percé la foule, pour commander à leur entourage, entrainer à leur suite une époque, et faire triompher une idée.

Les noms marquants que j'ai cités dans ma Premiere partie, se retrouveront nécessairement sur ma route, mais j'aurais acquis le droit de ne plus m'y étendre longuement. Il était alors indispensable d'appuyer par des exemples, puisés partout, ce que j'avais avancé, mais ces citations ne pouvaient former un Ensemble harmonieux et suivi.

Je repête encore ici, ce dont j'ai prévenu la première fois mon honorable assistance. Dans le voyage haletant que je vais faire dans les temps passés, je ne prétends pas étudier les sommités de toutes les littératures au point de vue des ornements austères ou efféminés d'un style sobre ou luxuriant. Non, c'est le bien, le vrai Moral, que je vais chercher dans leurs œuvres ; en un mot, mes appréciations ne seront pas exclusivement littéraires, mais avant tout philosophiques.

Maintenant, pour éviter la confusion, dans la mise en scène des trois époques distinctes dont nous ferons successivement paraître les principaux acteurs, nous suivrons l'ordre établi précédemment, c'est-à-dire, que, parlant par exemple de l'Antiquité grecque, nous signalerons, en *Histoire*, toutes les notabilités qu'elle a vu éclore, en *Philosophie*, tous les grands noms qu'elle a salués, en *Littérature*, tous les talents qu'elle a applaudis. Le même ordre sera suivi, pour l'Antiquité latine.

Il est évident que la Judée, l'Egypte, l'Inde s'étant trouvées dans des conditions littéraires bien différentes de la Grèce et de Rome, notre jugement affectera à leur endroit, une forme différente, essentiellement *sui generis*.

Lorsque, dans une lecture prochaine et dernière, nous aurons atteint le Moyen-Age, qui embrasse une vaste période, depuis l'Invasion des Barbares, jusqu'à la Prise de Constantinople par les Turcs, de 395 à 1453, c'est-à-dire plus de mille ans, la même division ne sera pas possible. Nous aurions voulu nous y astreindre, mais, cette époque de convulsions et de déchirements, a tellement été pauvre en travaux intellectuels, que nous nous bornerons à faire le relevé de tous les noms dignes de mémoire, sans établir de distinction entre les genres de composition.

Enfin, lorsque nous aurons mis le pied sur le sol aussi mouvant, mais plus poli, des Temps Modernes, nous pourrons revenir à notre première classification, et commençant par le 15e siècle, dans sa dernière moitié, nous chercherons quelles gloires l'ont illustré, dans chaque branche de la Littérature. Nous présenterons à larges traits, un Tableau Synoptique des Littératures rivales du monde et nul besoin d'ajouter que l'Europe attirera surtout notre attention, car dans les autres parties du Globe, le mouvement intellectuel n'a jamais existé, ou bien a été subitement comprimé.

Le dix-neuvième siècle, qui a dépassé ses aînés par sa fécondité littéraire, demanderait, à lui seul, de volumineux traités. Mais nous serons forcés,—toujours pour obéir à la loi du temps,—de ne produire encore qu'une Revue Superficielle.

1ère ÉTUDE.

ANTIQUITÉ HÉBRAÏQUE.

La littérature des Livres Saints est admirablement simple, et sans viser jamais à l'effet, elle laisse dans l'âme du lecteur un palpitant souvenir. Rien dans le Roi des auteurs profanes, ne lui est comparable. Je parle d'Homère, dont Horace a dit avec justice : *Quando que bonus dormitat Homerus.* Ce vieillard causeur est souvent interminable avec ses légendes héroïques, surtout lorsqu'il nous entretient de la généalogie de ses guerriers. Le hors-d'œuvre lui est cher, il ne laisse échapper aucune occasion de faire de la géographie, et l'anecdote est son côté faible.

Mais ceux qui ont écrit dans les âges plus lointains, antiquité reculée pour l'époque de la guerre de Troie, ceux-là ont été manifestement inspirés par Dieu! Ce sont les uns des patriarches, les autres des prophètes, des rois. Acteurs émus dans de grands drames vivants et réels, ils nous ont transmis des récits chaleureux, des conseils sympathiques, et souvent des cris de l'âme psalmodiés douloureusement.

A l'origine du monde, les passions humaines n'avaient pas le caractère sordide qu'elles ont depuis revêtu ; le vice y était superbe, sans doute, mais pas hypocrite ; la vertu était énergique, inflexible, et n'avait pas reçu du Christianisme cette onction, cette aménité, cette douceur amie, qui forment sa plus belle couronne !....

Avec quel frémissement d'enthousiasme inenarrable, nous parcourons les traditions bibliques, dont la musique simple et solennelle touche avec tant de vibrations sonores les fibres les plus sensibles de notre âme ! Quel pittoresque attrayant dans les descriptions ! Quel pathétique vibrant dans les mouvements de l'âme !

En quelques mots métaphoriques, en quelques images grandioses, la vérité s'est gravée dans nos cœurs ! Il faut le dire, les hypallages abondent dans la Bible, mais sans fard, sans apprêt, sans parade,—Les peuples, à leur berceau, balbutient avec tant d'éloquence spontanée, le langage tour-à-tour touchant et imposant de la nature !.. Quand mon esprit s'abîme dans la muette contemplation des *Livres Saints*, il me semble que je gravis une montagne abrupte, surmontée d'un sommet nébuleux ; je me fatigue rudement, et mon souffle bruyant est le seul cri que je livre à l'écho.... Mais aussi quel attrait me soutient dans cette pénible ascension !.... Au point culminant de la montagne, une vaste perspective est offerte à mes yeux, et l'Infini, dont l'âme humaine a soif, m'attend, au bout de ma marche essoufflée, pour m'immerger dans son sein, pour me serrer dans son étreinte.... Ainsi, lorsque nous nous sommes imprégnés de l'haleine divine qui échauffe un récit biblique, nous nous sentons plus forts, plus souples de cœur et d'esprit ; nous sommes transfigurés.

J'emprunte, Messieurs, au *Cours familier de Littérature* de M. de Lamartine, quelques passages éloquents des Accents de Blasphème, et de Résignation, que Job a fait entendre.

Job, après avoir longtemps vécu dans l'opulence la plus spendide, se trouve tout-à-coup jeté dans la plus affreuse misère, dans l'indigence la plus froide, dans le dénûment le plus vide. Bien plus, la santé, le plus précieux de tous les biens, lui est aussi ravie. Étendu sur le sol, en proie à une maladie affreuse, qui le dévore lentement, il se plaint en cris désespérés du suplice immérité auquel il est condamné, repousse avec rage la stérile commisération des amis qui l'entourent, se révolte contre l'implacable dureté du créateur qui persécute sa créature, entretient le Dieu d'Israël qui le visite, sous la forme d'une idéalisation, de tous les maux qui l'accablent, et finit par laisser sortir de son âme oppressée l'hymne d'une sublime résignation.

“Job soupire d'abord une élégie touchante

sur les misères et les instabilités humaines.

" L'homme né de la femme vit un petit nombre de jours, et il est rassasié de peines. Il surgit comme la fleur de l'herbe, et il est foulé aux pieds ; il fuit comme l'eau, il glisse comme l'ombre. Est-il digne de vous, Seigneur, de regarder ce je ne sais quoi qu'on appelle un homme, et de vous mesurer avec lui dans un jugement entre lui et vous ? Retirez-vous au moins un peu de moi jusqu'à ce que mon heure vienne comme l'heure où le mercenaire reçoit son salaire. Hélas ! l'arbre qu'on a coupé n'est pas encore sans espérances ; il peut reverdir, il peut végéter de nouveau ; lors même que ses racines auraient été desséchées sous la poussière, l'humidité de l'eau lui rendrait la sève, et ses feuilles renaîtront comme au jour où il fut planté. Mais quand l'homme est mort et dissous, où est l'homme ? Il est comme l'eau écoulée d'un lac, comme le fleuve tari ; il ne revient plus. L'homme une fois mort, pensez-vous qu'il revive ? "

Après cette plainte élégiaque, Job se laisse aller au blasphème.

Il s'écrie :

" Terre ! ne couvre pas mon sang, n'étouffe pas mon cri !"—Puis il veut prendre Dieu corps à corps ! "Pourquoi l'homme ne peut-il pas entrer au jugement avec Dieu, comme avec son égal ?—Pourquoi donc les impies vivent-ils dans l'opulence ? Leurs troupeaux sont multipliés ; leurs petits enfants sortent de leurs tentes comme un troupeau, et leurs enfants se réjouissent en voyant leurs jeux. Parmi les hommes, les uns meurent pleins de jours, riches et heureux, les autres dans l'amertume de leur âme, sans avoir goûté aucun bien ; et cependant tous dorment ensuite également dans la poussière, et les vers rampent également sur leurs cadavres !"

Mais, terrassé par la présence de la divinité, Job revient sur ses discours imprudents, et l'aveu qu'il fait de l'ignorance présomptueuse de l'homme, termine dignement le poëme remuant d'une grande infortune, et d'une résignation touchante, dont le héros est un type admirable.

Job finit par répondre au Seigneur :

" Je sais que vous pouvez tout, et aucune pensée ne vous est cachée.

" Quel est ce mortel qui obscurcit la sagesse par des discours insensés ? Oui, j'ai voulu expliquer des merveilles que je ne comprenais pas, des prodiges qui surpassaient mon intelligence. Inspirez moi, et j'oserai parler ! Laissez-moi vous interroger, et je comprendrai la sagesse !

" Mes oreilles avaient entendu parler de vous, mais maintenant les yeux de mon âme vous voient !

" Oui, je vous accuse, je m'anéantis moi-même. Je vais expier mon ignorance et mon audace dans la poussière et dans la cendre.."

2ème ÉTUDE.

LITTÉRATURE ÉGYPTIENNE.

Messieurs,—Lorsque je vous ai antérieurement parlé de l'Egypte, je vous ai dit que l'instruction, monopolisée dans les mains du sacerdoce, ne s'était pas répandue sur les masses, et n'avait pas, en raison du genre stationnaire qui lui était propre, cherché à se traduire par des monuments littéraires.

Cependent, cette terre qui a envoyé en Grèce

tant d'illustres émigrants, inspire à l'âme humaine une émotion profonde, que j'ai traduite dans les vers suivants. Je n'en aurais pas fait d'autres, s'il m'avait été donné de contempler les Pyramides.

" Vieille Egypte, salut, énigme indéchiffrable,
Au seul Champollion, Terre Sphinx abordable.
Salut ! vaste tombeau, sépulcre de géants,
Pyramides, salut ! funèbres monuments,
Que des princes jaloux d'honorer leur poussière
Ont bâtis lentement, pour régner sous la terre !
Que dit au voyageur, ce mont artificiel,
Dont la tête conique est là, bravant le ciel ?
Il n'a pas l'idéal de nos temples gothiques,
La foi n'anime pas ses traits géométriques,
Et l'humaine prière, exhalant sa ferveur,
N'a pas sanctifié sa superbe hauteur :
Il est là, qui se tient pesamment sur sa base,
Noir comme un mausolée, et cinéraire vase,
Qui garde les débris de ses fiers souverains,
Attestant de l'orgueil les vestiges humains....
Le temps, qui démolit les cités orgueilleuses,
Semble avoir respecté ces flèches merveilleuses !
Je vois tes os épars dans le commun tombeau,
Egypte, et la science, hélas ! t'eut pour berceau !
Le sacerdoce en vain, sur le vulgaire inculte,
Etendait son empire, et régnait par l'occulte :
Le peuple Grec sortit de ses langes grossiers,
En offrant à tes fils ses bords hospitaliers.
Que les temps sont changés ! aujourd'hui sur tes places,
Le bonnet Turc commande aux débris de tes races ;
Le pacha foule aux pieds les Cophtes basanés,
Qui mangent sans pudeur tes bœufs découronnés ! "

. . . .

3ème ÉTUDE.

LITTÉRATURE INDIENNE.

Dans la lecture que j'ai faite des poèmes Indiens, j'ai été frappé, Messieurs, de l'élévation d'un grand nombre de préceptes moraux, qui, parsemés au milieu d'épisodes tour-à-tour gracieux et attendrissants, ont relevé à mes yeux la Théogonie Brahmanique, monstrueuse dans ses cérémonies superstitieuses, mais symbolique dans la plupart, et en principes philosophiques, moins reculée qu'on ne le croit généralement.

Dans le Bagavagita, épisode du poème sacré du Mahabarata, le héros Arjoun, au moment de commencer une lutte fratricide, contre ses amis, ses compatriotes, ses parents, qu'une guerre civile pousse à sa rencontre, se trouble, et va, dans l'inertie d'une émotion qui paralyse son âme, recevoir le trépas, qu'il ne peut prévenir qu'en le faisant retomber sur des frères. Le demi-dieu Krisna combat à côté d'Arjoun, mais il est à l'abri de ces défaillances, qui peuvent seules suspendre le mouvement dans la poitrine d'un mortel.

Alors, pendant que les deux armées opposées jouissent d'une trêve éphémère, le dialogue s'engage entre l'homme faible et le dieu cuirassé contre les faiblesses.

" Que crains-tu ?—dit Krisna à Arjoun, le sage ne s'afflige jamais ni pour les morts ni pour les vivants. J'ai existé de toute éternité, toi aussi, et nous ne pouvons jamais cesser d'exister. Nous nous transformons, mais ce n'est pas mourir; l'âme, dans ces transformations successives, éprouve l'enfance, la jeunesse, la vieillesse, comme nous les éprouvons ici-bas. Celui qui est ferme dans cette foi ne se trouble plus en rien. Ce sont nos organes matériels et passagers qui nous donnent ici ces sensations du chaud et du froid, du plaisir ou de la douleur ; mais ces choses n'existent pas en elles-mêmes. Apprends que celui par qui toutes choses ont été créées, est incorruptible, immuable, inaltérable, et que rien ne peut détruire ou modifier ce qui n'est pas susceptible de destruction. L'âme qui habite ces corps sur lesquels tu pleures est incorruptible, impérissable, incompréhensible comme son auteur. L'âme ne peut ni tuer ni être tuée : de même que l'homme rejette ses vieux vêtements, en revêt de neufs, de même l'âme, ayant dépouillé sa vieille forme, en prend une nouvelle. Le fer ne peut la diviser, ni le feu la brûler, ni l'eau la corrompre, ni l'air l'altérer.. Mais, soit que tu penses qu'elle meurt avec le corps, soit que tu la crois, comme moi, éternelle, ne t'afflige pas : toutes les choses qui ont un commencement ont une fin, et les choses sujettes à la mort doivent avoir un régénérateur. L'état précédent des êtres est inconnu, leur état actuel est visible, leur état futur est un mystère. Ne consulte pas tes vaines opinions ou tes vaines terreurs ; ne consulte que ta conscience et ton devoir qui te commandent de mourir pour tes frères, et pour la cause de ton peuple. Peu importe l'évènement, que tu sois vaincu ou vainqueur : la vertu est dans l'acte, et non dans ce qui résulte de l'acte. Celui-là seul est véritablement sage et sanctifié qui a renoncé à tout fruit temporel de ses actes ; il est délivré des biens de la matière, il vit déjà dans les régions de l'immuable félicité ! "

Puis Krisna poursuit ainsi, au sujet de la charité : "Servez-vous les uns les autres, et vous parviendrez à la félicité. Celui qui ne prépare ses aliments que pour lui, mange le pain du péché. Tout être qui a vie, est produit par le pain qu'il mange, le pain est produit par la pluie ; la pluie est produite par la prière qui l'implore ; la prière est produite par les bonnes œuvres ; les bonnes œuvres sont produites et données à l'homme par Brahma (nom de la Divinité).

Le dialogue terminé, le poëte le fait suivre des réflexions suivantes :

" C'est ainsi, que je fus témoin et auditeur du
" miraculeux entretien entre le fils de *Vaaséda*
" et le magnanime fils de *Pandoa*, et que j'ai
" obtenu la faveur d'entendre cette suprême et
" divine doctrine, telle qu'elle a été révélée par
" Krisna lui-même, le dieu de la foi. Plus je
" repasse dans mon esprit ce saint et merveilleux
" dialogue de Krisna et d'Arjoun, plus mon cœur
" est dilaté par une joie surnaturelle. En quel-
" que lieu que soit Krisna, le dieu de la foi ; en
" quelque lieu que soit Arjoun, le puissant lanceur
" de flèches, là se trouvent certainement la vérité,
" la fortune, la victoire et la vertu !"

LITTÉRATURE GRECQUE.

Le siècle de Périclès vit paraître, en Grèce, les hommes les plus éclairés, dont les noms glorieux nous sont aussi familiers, que ceux de nos auteurs Européens modernes, les plus célèbres, et les plus aimés.

Je les signale rapidement. *Pindare* de Thèbes, le premier des poëtes lyriques ; *Eschyle*, fondateur du théâtre d'Athènes ; *Sophocle*, couronné vingt fois et presque centenaire, qui mourut de joie d'un dernier succès ; *Euripide* de Salamine, dont on comparait la poésie à la marche noble et douce d'un fleuve ;—pendant la guerre de Sicile, quelques Athéniens captifs obtinrent leur liberté, en récitant ses vers ;—*Aristophane*, le plus célèbre de poëtes comiques, il frondait sans crainte le gouvernement, et ridiculisait sur la scène les plus graves personnages ; *Hérodote* d'Halicarnasse, qui est regardé comme le père de l'Histoire ; *Thucydide*, vaillant guerrier, orateur estimé, rival de Périclès, en même temps annaliste supérieur ; *Xénophon*, aussi célèbre comme géral que comme historien, dirigea la fameuse retraite des dix mille grecs, qui avaient voulu placer le jeune Cyrus sur le trône ; *Pythagore*, né à Samos, qui était le fils d'un sculpteur. Sa force physique égala sa force morale, car il fit d'abord le métier d'Athlète. On lui attribue le système de la Métempsycose, c'est-à-dire de la Transmigration des âmes ; ce philosophe disait qu'il ne faut faire la guerre qu'à cinq choses : aux maladies du corps, à l'ignorance de l'esprit, aux passions du cœur, aux séditions des villes, à la discorde des familles. On croit qu'il mourut âgé de 90 ans ;—ses disciples avaient tant de foi en ses paroles qu'ils se contentaient de répondre à leurs adversaires : Le Maître l'a dit.

Nous avons déjà eu occasion de vous parler de la manière naïve et charmante d'Hérodote.

En face de ce conteur ingénieux et sans faste, se présente Thucydide, qui plein de confiance dans son génie, ne craignit pas de prédire que ses œuvres traverseraient les siècles, pour le bien de toutes les générations. Cette prophétie n'a pas été téméraire. Chez les anciens, Thucydide passait pour l'historien modèle. Démosthènes, Lucien, Longus, qui étaient certes des juges compétents, le citent comme un type parfait de style achevé. De leur côté, les Latins partageaient l'admiration des Grecs, pour cet énergique historien. Cicéron, Quintillien, le proclament le talent le plus consommé en histoire. Polybe, Salluste et Tacite l'ont pris pour précepteur, et le profond auteur des Annales, est le seul qui représente le mieux cet illustre maître, dans la littérature latine, disciple de l'Ecole attique. Historien austère avant tout, Thucydide a jugé avec une inflexible sévérité l'histoire de son pays, et sa manière brève, serrée, concise, devait exercer sur l'esprit de ses lecteurs de l'époque, une impression durable. Il est le premier qui ait introduit le raisonnement dans l'histoire politique, il fauche impitoyablement la fable, pour faire trôner à sa place l'incorruptible vérité, C'est par ce seul attrait qu'il prétend attacher ses lecteurs; son genre grave et triste laisse dans l'âme une émotion soutenue. Il fait assister le lecteur aux évènements qu'il narre, et sans tomber dans la banalité des détails oiseux, il ne néglige rien de ce qui peut arracher l'intérêt. Les couleurs de son style, dit Denys d'Halicarnasse, sont l'acerbe, l'amertume, la concision, la sévérité, la gravité, la véhémence, la terreur et par dessus tout, le pathétique. En un mot, Thucydide réunit dans ses écrits la fidélité de l'historien à la sublimité du plus grand poète, à l'éloquence du plus grand orateur, à la perspicacité du plus grand critique, à l'intuition du plus grand philosophe, à la science du plus grand politique, à la perfection du plus grand écrivain.

Pour reposer vos esprits, qui ont fixé avec éblouissement la brillante élévation de Thucydide, nous parlerons de Xénophon, surnommé l'Abeille de l'Attique.

A la fois philosophe, militaire et homme d'état, Xénophon n'a pas le secret de la simplicité touchante d'Hérodote, et de la profondeur savante de Thucydide. Il s'est surtout inspiré de la philosophie de Sarate, son maître chéri, et dans ses œuvres la vertu, l'honnêteté, rayonnent radieuses. Sa Cyropédie, espère de roman politique sur l'éducation, est son plus beau titre à notre admiration. Cet historien, qui, nous l'avons dit, n'a pas d'originalité dans sa méthode, exerça pourtant sur son temps une influence d'autant plus marquée, que sa manière simple et franche, parle vivement au cœur, sans être dénuée d'attraits pour l'esprit. Or, la droiture, la sévère équité, le sentiment, la religion du devoir, transportés dans un livre, en feront toujours le guide précieux, l'ami sûr, le conseiller avisé de la jeunesse studieuse de tous les temps et de tous les pays.

En évoquant ici l'ombre sympathique de Plutarque, je me sens, Messieurs, profondément ému. Car cet écrivain disert et naïf à la fois, est en même temps un conteur intéressant, un philosophe familier, dont les enseignements, débarrassés des ornements dogmatiques, vont frapper plus sûrement l'esprit. C'est à lui, plus qu'à tout autre, qu'on peut appliquer l'éminente épithète de moraliste. Faire rayonner dans ses écrits le limpide miroir de son ame candide et loyale, toujours soutenir le bien et le vrai, et consacrer sa plume à la défense de la vertu, tel a été le but constant de Plutarque. Aussi son influence bienfaisante a-t elle dépassé l'étroite limite de son époque, et les avantages moraux qu'on retire de la lecture de ses ouvrages, ont-ils été acquis à la plus lointaine postérité. Le sujet qu'a choisi Plutarque. l'a d'ailleurs inspiré, car descendre dans la vie intime des grands hommes, et, après avoir dépeint à larges traits leur caractère, rendre leur couleur personnelle plus vivace, par une série d'anecdotes biographiques, c'est là un travail délicat, qui exige de l'auteur un genre tout particulier de narration. La vie des grands hommes de Plutarque a été écrite d'après de consciencieuses investigations ; aucun fait, aucun geste, si je puis m'exprimer ainsi, n'y est hasardé. Les témoignages les plus authentiques sont présentés, les assertions les plus dignes de foi sont émises, et l'on voit que le biographe a puisé à des sources vraies et pures.

Et ici, toute la magie du talent littéraire nous apparaît, le rôle de l'écrivain se dévoile dans toute la splendeur du bien. Car suffirait-il, pour passionner les lecteurs, de l'exposé aride des grandes actions d'un héros ? Non, il y a dans le récit des hauts faits, je ne sais quel charme de diction, qu'il n'est donné qu'à certaines natures privilégiées de rencontrer. Plutarque anime ses récits enchanteurs par une inimitable vivacité, qui n'a pas son foyer dans l'esprit, mais dans le cœur. Son livre est, avant tout, le livre du foyer domestique, le livre de la veillée, le livre des longues soirées d'hiver, alors qu'une lecture vertueuse réchauffe les âmes pour les principes éternels des devoirs sociaux.

L'appréciation que j'ai déjà faite du triple rôle qu'ont joué, dans la Philosophie Grecque, Socrate, Platon, Aristote, me dispenserait de revenir sur ce sujet. Cependant je crois qu'une étude plus intime de la vie de Socrate ne serait pas ici déplacée, tant fut irrésistible et profonde l'influence que ses sages leçons, suivies par des disciples éminents, exercèrent sur la société, frappée dans ses erreurs par une révolution radicale.

Socrate naquit l'an du monde 3533, il était fils d'un sculpteur. Le philosophe Criton voulut lui apprendre l'Astronomie, mais il préféra l'étude du cœur humain, à toutes les autres ; il apprit et enseigna la Morale.

Plusieurs sectes de philosophie prirent naissance dans son École. Xénophon, Aristippe et Platon furent ses principaux disciples.

Socrate donna l'exemple de toutes les vertus qu'il enseignait ; intrépide guerrier, il se distingua au combat de Potidée, et dans plusieurs autres batailles.

Sobre et tempérant, au lieu d'envier la fortune et le luxe d'autrui, il ne sentait que le bonheur de pouvoir s'en passer.

Une médiocre somme d'argent avait été son seul héritage ; il la prêta à un ami, et la perdit sans regret.

Archélaüs, roi de Macédoine, voulut le combler de présents ; il refusa ces dons, préférant l'indépendance.

Le but de la philosophie était de maintenir l'âme dans un calme parfait : il y parvint, et conserva l'égalité de son humeur, dans les circonstances les plus critiques.

Souvent le courage, qui résiste aux grands malheurs, cède aux contrariétés journalières : Xantippe, femme de Socrate, était capricieuse et violente ; elle exerça sa patience, sans la lasser.

Tant de vertus ne pouvaient échapper à la haine des hommes, qui n'en avaient pas : Socrate devint l'objet de la satire des écrivains sans mœurs, qui l'affichèrent au Théâtre, sous une physionomie grotesque.

Son amour pour la vérité, fut regardé par ses ennemis comme un crime ; Melitus l'accusa devant l'Areopage, de ne pas croire aux dieux de la Grèce, de vouloir introduire un culte nouveau, et de corrompre l'esprit de la jeunesse.

L'orateur Lysippe composa un éloquent discours pour la défense ; mais le philosophe refusa, disant qu'il ne voulait pas emprunter les secours de l'art pour émouvoir en sa faveur.

“ Vous me reprochez, disait-il à ses juges, de manquer à mes devoirs de citoyen, de ne point opiner dans les assemblées du peuple : demandez aux guerriers, qui combattaient à Potidée, si j'ai servi ma patrie ; interrogez les chefs du Sénat, si je ne me suis pas opposé fermement à la mort de dix capitaines vainqueurs, et victimes de vos injustes rigueurs. On m'accuse d'impiété, examinez ma vie, mes actions et mes discours, et vous serez convaincus que je crois plus à la divinité que mes accusateurs. On blâmera peut-être aussi mon orgueil, en voyant que je ne me conforme pas à l'usage, et que je n'adresse pas de supplication à mes juges ; je pense que la Justice doit obéir, non à la prière, mais aux lois. D'ailleurs je ne regarde pas la mort comme un mal, et, à mon âge, je ne veux pas, pour l'éviter, démentir les leçons que j'ai données pour apprendre à la mépriser.”

Cicéron, admirant ce noble plaidoyer, dit que Socrate se montra au Tribunal, non comme accusé, mais comme juge de ses juges. La haine l'emporta sur la justice. Le sage fut condamné. L'arrêt ne statuait pas la peine qu'il devait subir, et suivant l'usage, dans ce cas, l'accusé pouvait choisir lui-même, et se condamner à la prison ou à l'amende. Socrate ne voulut point obéir à cet arrêt. " Je ne puis, dit-il, me reconnaître coupable, et puisqu'on veut que je prononce sur le sort que je mérite, je déclare qu'ayant consacré ma vie à la patrie et à la vertu, je me condamne à être nourri le reste de mes jours aux dépens de la République."

Les juges, irrités de cette fierté, ordonnèrent qu'il boirait la cigüe.

Socrate demeura trente jours en prison, avant de subir la sentence. Son courage ne parut pas un instant ébranlé, ni son humeur altérée. Ses amis l'entouraient ; il montrait toujours, en causant avec eux, le même enjouement et la même douceur.

Criton étant parvenu à gagner le geôlier, voulut engager son maître à s'échapper de la prison, mais il refusa.

Socrate employa son dernier jour à s'entretenir avec ses amis sur l'Immortalité de l'Ame. Lorsque le moment fut arrivé, le courageux philosophe, tenant la coupe funeste, ordonna, sans doute ironiquement, de sacrifier un coq à Esculape, embrassa ses enfants, et pria la divinité de rendre son dernier voyage heureux. Lorsqu'il sentit l'effet du poison, il se coucha, et mourut paisiblement, après avoir reproché à ses amis de gémir sur son repos.

Les Athéniens passèrent bientôt de la fureur au repentir ; ils proclamèrent l'innocence de Socrate, révoquèrent l'arrêt qui l'avait condamné, envoyèrent à la mort Mélitus, et bannirent ses autres accusateurs. Enfin le célèbre Phidias lui éleva une statue de bronze, moins durable que le souvenir de sa vertu.

Dans la littérature poétique, les Grecs ont obtenu la palme. Dans l'Epopée, Homère n'a pas été surpassé ; dans la Tragédie, Eschyle, Sophocle, Euripide, ont servi de guides aux pionniers de l'avenir dramatique ; dans l'Ode, Pindare est devenu l'emblème des rares qualités que réclame ce genre inspiré ; dans l'Idylle, Théocrite a été le maître nourricier des Virgile, des Florian, des Gesner. Il est vrai de dire que dans le Genre Epistolaire, et dans la Satire de Mœurs, les Grecs ont été battus par les Romains. Pline le jeune, Cicéron, Juvénal, Perse, ont été les propres artisans de leur renommée originale. En revanche, les Latins ont-ils facetté, dans le Genre Romantique, un joyau aussi brillant dans sa parure naturelle, que la délicieuse Nouvelle de Daphuis et Cloë, par Longus, si longtemps cachée aux yeux des savants, et que fit découvrir au monde lettré, le savant helléniste, P. L. Courrier ?

S'étendre sur le génie d'Homère, c'est le rabaisser ; car son seul nom équivaut au plus beau panégyrique.

Qu'il me soit permis maintenant de vous entretenir de la moralité que peut revendiquer le théâtre Grec, personnifié dans le triumvirat magnifique de *Sophocle*, d'*Euripide* et d'*Eschyle*. Autant la scène tragique a été honorable, autant la scène comique a été souillée par les pièces effrontées d'*Aristophane*.

Sophocle est un esprit éminemment satirique, et c'est ce qui le distingue d'Eschyle, en le rendant supérieur à Euripide, qui, avec moins de bonheur que lui, tenta de transporter la morale au Théâtre. Quant au caractère personnel, Sophocle fut toujours digne d'estime, par l'aménité de son humeur, et par la conciliation de son esprit. Habile à manier la raillerie, il échappa au danger d'une séduction enchanteresse pour les éclats de rire impudents. Ce grand tragédien comprit toujours le bien que, du haut de la scène, il pouvait défendre ; aussi toutes ses pièces sont semées de sages enseignements.

Euripide poussa, jusqu'à l'oubli de sa dignité, la passion de la satire, et ses pièces ne sont pas toujours exemptes de blâme, pour l'observation des convenances. Du reste, il a, sur ses deux émules, l'avantage d'être plus versé dans la science du pathétique, et l'intrigue de ses tragédies est toujours attachante et tendue.

Eschyle est surtout connu par sa Tragédie des Perses, et il appartenait bien au poète, qui avait vaillamment tenu le glaive du soldat à la journée de Salamine, de célébrer, avec toute la fidélité de la couleur locale, le succès des Athéniens. Les *Tragédies Grecques* abondent surtout en maximes, et c'est là un véhicule excellent d'action immédiate sur la foule. Plus que tous les autres, Eschyle s'est attaché à renfermer dans ses pièces des sentences morales, en même que des sentiments patriotiques, tous empruntées à l'histoire nationale.

"—Xercès avait été vaincu, et loin de livrer cet ennemi abattu à la vengeance de la foule,

Eschyle fait prononcer à l'un de ses acteurs ces discours généreux :

" Il sied mal à l'homme de s'enorgueillir. L'Insolence, en germant, porte l'épi du malheur ; la moisson qu'on en recueille, est toute de larmes. Il est un censeur sévère, un Jupiter qui châtie les superbes. Que désormais aucun de nos rois, peu content de son sort, ne renverse sa puissance, pour envahir des états étrangers."

Ces pensées sont belles dans la bouche d'un vainqueur, et un auteur dramatique, qui fait tomber de la scène des exhortations aussi belles à la modération dans la fortune, est véritablement un maître de morale, qui doit remuer profondément l'âme des spectateurs. Disons-le, Eschyle a toujours été tempéré dans le genre chaleureux qu'il a adopté, et d'un autre côté, rien, dans ses productions, n'offense la susceptibilité la plus chatouilleuse sur la pureté des Mœurs : c'est là une qualité précieuse au Théâtre.

Si nous passons maintenant à la comédie grecque, nous ne verrons qu'un seul auteur comique, digne d'être mentionné : c'est Aristophane. Ce n'est pas un vulgaire bouffon dont je vais vous entretenir, Messieurs. Loin de là, la profondeur de l'observation, la causticité de l'épigramme, et la terrible habileté du sarcasme, sont les traits distinctifs du caractère d'Aristophane. Mais, malheureusement, parmi une foule de judicieuses pointes d'esprit sur le gouvernement d'Athènes, Aristophane s'est laissé entraîner à de coupables railleries sur Socrate, qu'il a attaché comme un criminel, au pilori de l'opinion. Il ne faut donc pas chercher de la moralité dans Aristophane, dont le rire déréglé n'a rien respecté, et au lieu de flageller les vices et les ridicules, a versé malignement sa bile amère sur le noble Réformateur de la Philosophie.

Dans l'Ode, Pindare passait, aux yeux de ses contemporains, pour un génie incontesté et invincible. Cette réputation colossale s'est un peu affaiblie avec la suite des âges ; et la lecture des poèmes lyriques de Pindare, nous paraît assez froide, assez décolorée. C'est que ce poète, doué d'une invention réelle, était involontairement captivé par les étroites limites de son sujet. Car ses Odes ont été spécialement composées pour les athlètes vainqueurs aux jeux Pythiques, Néméens, et Olympiques. La matière était assez pauvre, et Pindare ne parvenait à développer son sujet, qu'au prix de brillants hors-d'œuvre. Cependant on remarque en lui, dans le cours de ses dithyrambes échevelés, un respect continu de la Morale et de la Religion.

Moins grave que Pindare, Anacréon ne semble avoir été qu'un aimable et insoucieux viveur, dont la grande occupation était la table, chargée d'amphores de vins délicieux. Ce que ce vieillard ami de tous les plaisirs, nous a laissé, est sans prétentions, mais jamais la sensualité n'a parlé un langage plus séducteur.

Théocrite a fait de l'Idylle, un petit poème attrayant, où les bergers parlent le langage de la nature. Il n'a pas encore été dépassé, et Virgile lui-même ne peut le faire oublier.

Bien d'autres noms méritent ici d'être rappelés, car, dans le second et dans le troisième ordre, la Grèce a eu d'estimables écrivains. Mais la Littérature latine, qui sollicite à son tour notre attention, ne nous permet pas de nous arrêter plus long-temps à l'examen des trésors helléniques.

. . . .

LITTÉRATURE LATINE.

Rome victorieuse fut initiée aux lettres par Athènes subjuguée. Quatre grandes physionomies sont dignes d'attention, parmi les historiens latins ; Tite-Live, Tacite, Salluste, et César. Le premier est un écrivain abondant sans profusion, et remarquable par son talent de portraitiste. Il excelle dans ses tableaux, par des parallèles et par des constrastes. Constamment digne, noble, imposant, majestueux, le style de Tite-Live soit aussi se plier, par l'éclat et l'animation, au récit d'une bataille, par la fougue et l'impétuosité, aux débats orageux du Forum. De tous les historiens, il est celui qui possède au plus haut degré, la sensibilité, précieuse qualité qui arrache des larmes au lecteur attendri, et qui fait vibrer les cordes harmonieuses de l'âme émue. Avant tout il s'attache à éveiller la douce pitié, et le tendre intérêt; son genre est moins la poursuite vigoureuse du crime triomphant, que l'exaltation de la vertu maltraitée. En dramatisant l'histoire, en la rendant sensible, Tite-Live a dignement servi la société. Ses écrits sont surtout oratoires, car la plupart de ses pages expressives sont occupées par les harangues, qu'il met dans la bouche de ses personnages. Dans ses récits palpitants, avec quelle grandeur revivent, pour l'instruction des siècles futurs, le Patriotisme du vieil Horace, la farouche abnégation de Brutus, l'ombrageuse liberté des premiers Tribuns, le désintéressement sublime de Régulus, la générosité de Camille, l'impassibilité héroïque de Fabricius. Il nous reproduit fidèlement les traits d'Annibal, de Scipion, de Fabius, et enfin de toutes les grandes gloires de la République. Nous dirons donc avec le Père Rapin, si profond dans la latinité, que Tite-Live a égalé, par la noblesse de son génie, la noblesse du peuple, dont il a écrit l'histoire.

Salluste est un étrange écrivain ; moraliste inexorable dans ses ouvrages, il flétrit sans pitié le vice, et poursuit le crime avec un louable acharnement. Son texte favori, c'est une véhémente censure de la corruption, sous toutes les formes ; il prodigue, dans son Livre sur la *Conspiration de Catilina*, de violentes philippiques, sur le mal incarné dans la personne de son héros infâme. Le rigorisme de l'écrivain semblerait le reflet de l'incorruptibilité de l'homme. Il n'en fut cependant pas ainsi. Car Salluste ne jouissait pas, de son temps, d'une réputation sans tâches. Les bruits les plus outrageants circulaient sur sa vie privée, et il a été prouvé qu'ils n'étaient que l'écho d'une triste réalité ! Comme homme public, Salluste offrait aussi une large prise au reproche. Il fut chassé du Sénat et flétri par les censeurs, pour le désordre de ses mœurs. Nommé par Jules-César gouverneur de la Numidie, il rançonna cette province ; et du fruit de ses exactions, il se fit bâtir un palais magnifique, environné de jardins, d'une fantastique somptuosité. Il afficha toujours le luxe le plus insolent, et ses exemples de désordres furent le démenti le plus formel de ses vertueuses homélies.

Quelle influence voulez-vous, Messieurs, qu'un pareil écrivain ait pu exercer sur son époque? Aucune—malgré l'hommage que dans ses œuvres il affecte de rendre à la vertu. Car l'irréprochable moralité de l'homme, est nécessaire à l'écrivain, pour ébranler, entraîner, et conquérir l'opinion en faveur des principes sacrés que sa plume défend.

Dans les Commentaires de César, Messieurs, nous n'avons à rechercher autre chose qu'une influence marquée sur le goût des lettres latines, —car ces récits d'une existence bien remplie, ne visent pas à la prétention de philosophe ni de réformateur. César raconte sa vie militaire et civile, il le fait sans orgueil comme sans humilité. Cependant, nous voyons dans ses commentaires, rédigés sans efforts comme sans négligence, nous voyons des aperçus ingénieux, et des jugements sincères, tracés de main de maître. Les ouvrages de César jettent une vive lumière sur l'histoire romaine, voilà pour l'érudition; ils trahissent une âme toujours sereine et magnanime, voilà pour la moralité; ils annoncent une réunion précieuse des divers dons de l'écrivain, avec une pureté de style qu'on ne rencontre pas ailleurs, voilà pour le goût littéraire.

Tacite nous ayant déjà occupé, nous passerions à la Philosophie Latine, c'est-à-dire à Cicéron et à Sénèque, si quelques historiens du second et du troisième degré ne méritaient encore notre intérêt.

Tels sont: Cornelius Nepos, qui, avec moins de talent et de bonheur que Plutarque, entreprit de raconter la vie des Capitaines Grecs. Il peut être cité comme un modèle dans la *notice biogra-*

phique. Il rend toujours hommage à la vertu, et l'amitié que lui fit partager Cicéron avec Atticus, est un des plus beaux titres que sa mémoire puisse revendiquer. — Velléius Paterculus, auteur d'un Abrégé de l'Histoire Romaine, que la Harpe estimait peu, mais qui a été apprécié à sa juste valeur par des critiques moins absolus ; écrivain élégant et nerveux, il a de belles inspirations, pour célébrer les beaux dévouements, et condamner les criantes injustices.—Quinte-Curce, auteur de la vie d'Alexandre, sait intéresser sa narration par un jeu d'intrigues romantiques. Doué du don d'émouvoir l'âme de ses lecteurs, il fait naître en eux une douce mélancolie, en présence de lamentables infortunes, qui ne peuvent être secourues. Aussi, si le talent de l'auteur n'a pas égalé celui du héros, au moins l'intégrité de son caractère n'a pas un seul instant faibli. Justin, auteur d'une Histoire Universelle du Monde, que beaucoup attribuent à Trogue-Pompée, est un historien éclairé par de saines théories—ce qui mérite d'autant plus l'estime, qu'il vivait, à une époque de décadence, sous le règne d'Antonin le Pieux. Ni son style, ni son caractère, n'ont porté l'empreinte de la dégénération. Florus, qui vécut sous Trajan, a composé une Histoire Romaine, tellement abrégée, qu'elle ne doit être considérée que comme un Sommaire terne et ennuyeux. La brièveté de ce compilateur n'est pas de la concision ; car son histoire ressemble à un Programme maladroitement disposé. Le style en est insoutenable de fausseté et d'enflure, sauf quelques passages où l'on sent battre une âme sensible, mais égarée par le mauvais goût et les mauvaises mœurs du temps.

Esprit vulgaire, Florus ne défendit aucune cause, et ne s'attribua aucune mission. Suétone est plutôt anecdotier, comme dit La Harpe, qu'historien véritable. Ses *vies* des 12 Empereurs Romains, forment un livre singulier. Il expose froidement les cruautés, les turpitudes qu'ont commises ces monstres couronnés; il ne s'enthousiasme jamais pour le bien, il ne s'emporte jamais contre le mal. Il se contente de faire une nomenclature inanimée de toutes les infamies qui ont tristement signalé une époque honteuse pour l'histoire de Rome. Ses portraits n'inspirent aucun dégoût, tant il emploie d'expressions fleuries, pour peindre le vice ; ne soulèvent aucune horreur, car il semble à plaisir masquer la difformité des tyrans, qu'il fait poser. Est-ce là de l'impartialité ? Faut-il exposer des parricides et des atrocités, avec la froide brièveté d'une chronologie? Non, Suétone a manqué à une qualité essentielle de l'historien, et l'insensibilité dénaturée avec laquelle il a porté le scalpel sur le corps de son siècle corrompu, dénote une âme blasée à l'endroit de toute noble émotion. Son livre est dangereux pour la jeunesse. Or, Messieurs, un livre qui peut devenir classique, a remporté tous les suffrages, puisqu'on ne doit mettre dans les mains de l'Ecole, que des ouvrages probes et chastes.

La philosophie latine ne fut guère qu'ecclétiste ; elle négligea la spéculation, pour l'application.

Le premier des orateurs romains, a été en même temps un philosophe estimable. Le plus beau caractère de l'antiquité, est bien certainement Cicéron, comme citoyen et comme homme public, si Socrate en est la plus grande figure, comme novateur sacrifié. Nous laisserons dans l'ombre la physionomie de l'orateur, car nous ne devons parler, dans ce travail, que de l'influence produite par l'écrivain. Cicéron nous réclame à ce titre, et c'est la morale de son traité De officiis, que nous allons ici examiner. Ce livre si vanté, est malheureusemedt rempli de contradictions, à jamais inexplicables, pour qui n'aurait pas suivi la vie de Cicéron. Ce grand homme a été dans ses opinions, d'une instabilité frappante, et on se demande souvent si c'est bien le même homme, qui, après avoir, dans son oraison sur Cluentius, attaqué publiquement l'Immortalité de l'âme, en fait une défense secrète dans son beau traité sur l'Amitié ? Les opinions de sa vie publique, sont en désaccord avec les convictions de sa vie privée.

Néanmoins, parmi une foule d'hésitations, de contradictions, et souvent de subtilités, Cicéron, à la honte de quelques philosophes modernes, qui ont tout détruit, sans rien réédifier, Cicéron reconnaît que la justice, la bonne foi, la société, ne peuvent être maintenues, sans reposer sur la base de la religion. Ce sublime aveu de la part d'un païen, se trouve au premier Livre de la Nature des Dieux. Dans son traité sur les lois, il parle d'une loi immuable, éternelle, divine, qui nous appelle impérativement au devoir. Il est à regretter, qu'en écrivant son Traité sur les Devoirs, Cicéron n'ait pas rappelé ce principe fondamental de toute morale. Mais c'est là une des mille inconséquences de cet homme illustre, dont le Livre respire un goût élevé pour l'honnête et le beau. Les vérités qu'il proclame *dans ses écrits*, étonnent par leur grandeur extraordinaire, avant la diffusion des lumières du christianisme, et font supposer que, dans l'intérieur de sa pensée, il était encore plus avancé que dans ses ouvrages philosophiques. Cicéron devait croire à l'Unité de Dieu, mais il n'osait pas, par une déclaration publique, insulter aux croyances traditionnelles de sa patrie.

C'est de Cicéron, que nous pouvons surtout dire, Messieurs, qu'il a devancé son siècle ; ses ouvrages, livrés à une publicité étendue, ambitionnaient une influence salutaire, dont l'esprit aveuglé de son époque affaiblit les effets.

J'éprouve le besoin, Messieurs, en venant remuer ici les cendres de Sénèque, de m'élever contre une idée généralement admise sur son compte. Sénèque, a-t-on dit, a vécu dans le luxe d'un satrape, et pourtant il a eu le front de se faire l'apôtre de la pauvreté ! Mais rien, dans ses écrits, ne décèle un esprit foncièrement dépravé. Pure comédie ; répondra-t-on. Avez-vous oublié Salluste, avec ses pompeux discours sur la Morale, et le dérèglement de ses mœurs ?—Sénèque ne lui ressemble pas ; on peut l'accuser d'avoir manqué de courage, et de caractère, de n'avoir pas osé jeter des vérités sanglantes à la face des tyrans, dont il s'était rapproché. Mais il est faux qu'il ait ajouté les désordres d'une conduite licencieuse aux raffinements d'un luxe extérieur. Disciple des principes du Stoïcisme, il s'imposa toujours un régime sévère, et au milieu, je le reconnais, de meubles riches et somptueux, il s'honora toujours de s'abstenir de vin, et d'apporter dans ses repas une rigide frugalité.

L'indulgence de Sénèque pour le pouvoir souverain, provient de la faiblesse de son caractère, mais non pas de la corruption de son âme. La vertu n'a jamais compté de louangeur moins hypocrite. Les livres, qu'il nous a laissés, nous ont révélé une morale supérieure aux enseignements du Paganisme.

N'est-ce pas lui, qui le premier des philosophes anciens, a prononcé ces touchantes paroles ?

Homo sum, atque humani nihil a me alienum puto.
Je suis homme, et je pense que rien de ce qui regarde
l'homme ne m'est étranger.

Aussi s'est-on demandé souvent, si Sénèque n'était pas en secret, affilié à la religion chrétienne. En osant proclamer des vérités nouvelles dans la bouche d'un adorateur des faux dieux, Sénèque a fait preuve d'une certaine indépendance, qui a dû assurément, lui rallier des partisans, au profit d'une morale plus pure, source bienfaisante que le Messie fit jaillir.

J'ai déjà, dans des considérations précédentes, parlé des auteurs remarquables dans le genre Épistolaire, Pline le jeune et Cicéron.

Telle a été l'influence de Quintilien, dans la critique doctrinale, que quelques lignes seront nécessaires, pour juger les services qu'il a rendus à son pays.

Les bonnes traditions en matière d'éloquence s'étaient perdues à Rome. L'étude des orateurs des beaux temps de la République était dédaignée pour les cours fastueux des Rhéteurs, qui s'étaient établis dans la Ville. Ces maîtres y enseignaient à la jeunesse l'art de traiter indistinctement toutes les questions, et leur donnaient pour matières d'amplifications des sujets impossibles, sur lesquels s'exerçait la faconde des élèves. Au lieu de former les jeunes gens, par des exercices préparatoires, aux fonctions du Barreau, ces sophistes ne leur proposaient pour texte d'argumentation, que des lois fantastiques, sur lesquelles ils élevaient tout un échafaudage de chimériques plaidoyers. Il fallait plaire à l'oreille par une cadence molle, à l'esprit par des syllogismes captieux. Les jeux de mots, les pointes d'esprit, étaient à la mode, et ces étranges maîtres de parole, faisaient consister le plus haut degré du talent oratoire, dans l'obscurité savante des phrases. Le seul rhéteur grec qui ait mérité d'échapper à l'oubli, c'est Longin, qui marcha toujours dans la voie d'une théorie logique. Quintilien, nourri à l'Ecole des grands maîtres de l'antiquité grecque, et versé dans la manière élégamment digne de Cicéron, entreprit de lutter contre la dépravation du goût de son siècle, et y réussit avec un bonheur complet. Joignant l'exemple au précepte, ce grand critique se mêla aux débats du Barreau, et son éloquence—abondante et réservée à la fois,—produisit la réaction vers laquelle il marchait.

Les Romains, revenus de leur folle admiration pour les déclamations des sophistes, engagèrent Quintilien à professer un art qu'il possédait à la perfection, et des appointements lui furent alloués sur le trésor public, pour l'ouverture d'un cours réformateur.

Après vingt années de ce pénible ministère, dans lequel il fit à l'instruction publique le sacrifice de sa santé et de son repos, Quintilien composa dans la retraite qu'il choisit les douzes livres de l'Institution de l'Orateur. Il mourut, généralement regretté de tous ses compatriotes.

Le rôle que cet illustre critique a rempli, ne s'est pas seulement porté sur la réforme de la Rhéthorique des écoles de son temps ; non, son action a été plus étendue, en faisant sortir la parole de l'ornière où elle trainait. Son action morale se porta sur la direction des jeunes gens, appelés à exercer la profession qui demande généralement le plus de tact et de délicatesse, la plus honorée, la plus influente aussi à Rome, après que le peuple-roi, vainqueur de l'Univers, eut à lutter contre les passions et les intérêts opposés qui s'agitaient dans son sein déchiré. La parole est le lien de la Société, le trait d'union de l'homme à l'homme. Si, au lieu d'être l'expression fidèle de la pensée, elle n'est plus que l'esclave des écarts de l'imagination et des complots de l'esprit, elle devient alors la messagère du mensonge, qu'elle encense et qu'elle propage. Révolutionner le langage, c'est métamorphoser la société : voilà donc le plus beau titre que Quintilien s'est acquis à notre admiration, bien que longtemps après cette réforme, le mauvais goût ait repris son empire.—Isocrate, contemporain de Démosthènes, accomplit en Grèce une aussi belle mission.

Un siècle auparavant, Cicéron avait occupé les loisirs de sa vieillesse par un ouvrage didactique sur l'Art qu'avaient cultivé avec tant d'éclat sa jeunesse et son âge mûr. (De Oratore, de l'Orateur)

En poësie, les Latins ont compté de grands noms. Virgile a été l'imitateur original d'Homère, car son Enéide porte un cachet profondément national. Il avait surtout en vue de glorifie et d'exalter les Romains, en remontant à l'origine de leur empire, visiblement protégé par les destins. Cette douce sensibilité, qui est l'apanage de Virgile, et qui empreint ses mélodieux accords d'une expression indéfinissable de tristesse, communique à l'Enéide un charme intraduisible. De tous les auteurs païens, Virgile est le seul qui trahisse le sentiment chrétien de la mélancolie, et c'est ce tendre pressentiment d'une morale plus cordiale et plus fraternelle, qui fait de la poésie du cygne latin, l'amie des âmes sensibles de tous les temps.

Du fumier d'Ennius, Virgile a retiré plus d'une perle. Ce chantre incorrect et sauvage de la *Guerre Punique*, a eu de sublimes moments. Mais son style hérissé et rocailleux rebute le lecteur.

Lucrèce, qu'une seule génération sépare de Virgile, en semble éloigné de plusieurs siècles, tant son style est rude et dissonant ! Cet écrivain est doué d'une incontestable énergie, mais il ne trouvera pas grâce devant notre tribunal inflexible, car il n'a consacré son génie, dans un livre fameux sur la Nature des choses, qu'à répandre, avec une rare ténacité, des doctrines désastreuses qu'Epicure son maître aurait désavouées lui-même—c'est-à-dire l'Athéisme et le Matérialisme.

L'Elégie, touchée avec âme par Tibulle, cultivée avec art par Properce, a poussé de touchants soupirs.

Ovide disgrâcié, mérite moins l'estime et la sympathie que Virgile protégé. Le contraire arrive souvent. Les favoris sont insolents, et la dignité relève l'infortune. Autant Virgile met de la chasteté, de la convenance, de la mesure dans l'affabulation, autant Ovide se plaît dans la licence des légendes mythologiques. Le premier semble douter des divinités qu'il invoque, le second est franchement idolâtre, et le scandale des mœurs paraît son élément. Catulle, avec moins de talent, a gardé moins de mesure encore.

Détournons les yeux du brillant auteur des Métamorphoses, pour les fixer sur des poètes du second ordre, plus ou moins victimes dans leur style enflé et dans leur morale relâchée, de la décadence Romaine. Ce sont : Silius Italicus, auteur d'un poème sur la Deuxième Guerre Punique—Silius ne fut qu'un amateur en littérature ; admirateur passionné de Virgile, puriste sévère, il chercha à se garantir du goût perverti de son époque, et n'a produit tout simplement qu'un Exercice littéraire, où il a intercalé des modèles de déclamation, et des types de portraiture. Mais il a toujours, dans sa poésie, respecté la morale et la raison, aussi bien que le style. On peut donc affirmer que, comme poète, Silius Italicus a fait honneur à son siècle.

Stace est doué d'une riche imagination, mais il a beaucoup d'enflure dans le style, et de charge dans les couleurs. Sa Thébaïde brille cependant par mille beautés rutilantes, mais on peut lui reprocher trop de crudité dans ses descriptions. Le goût sûr, le jugement sain, ne sont pas les qualités distinctes de ce poète, qui n'est encore qu'un de ces écrivains sans rôle tranché ; pour eux, les lettres ne sont qu'un délassement, qu'un artifice.

Dévoré du besoin de la nouveauté, Lucain a bouleversé la langue du siècle d'Auguste, et a voulu se frayer à lui-même une route inexplorée. Il composa la *Pharsale*, poème exclusivement romain, comme il le voulait, mais remarquable par l'incohérence des idées. L'auteur y raconte les guerres civiles qui ont ensanglanté l'Italie et la Grèce, entre les partisans de Pompée et ceux de César. Mais, disons-le, une indignation vertueuse n'a pas seulement échauffé l'auteur, qui n'a voulu avant tout, dans son poème de huit mille vers, qu'innover dans la poésie, par un coup de main hardi. Sauf quelques beautés de détail, la Pharsale n'offre qu'un ensemble disgracieux et fatiguant. Le poète a cependant rencontré de belles idées, telles que cette proclamation de la vertu de Caton :

Vixtrix causa deis placuit, sed victa Catoni.

La cause des vainqueurs plut aux dieux, mais celle des vaincus à Caton.

L'emphase des discours, l'abus des lieux communs, parmi quelques détails heureusement dessinés, voilà ce que nous offre la Pharsale. On ne peut bien comprendre le but qui a dicté cet ouvrage, tant les contradictions les plus bizarres viennent s'y heurter à chaque pas. Le fatalisme, le scepticisme, l'incrédulité, enfin l'habitude de traiter avec la souplesse d'un rhéteur tous les sujets possibles, sont les défauts dominants de Lucain, imagination féconde, mais tête faible, et jugement faussé par le charlatanisme de l'Ecole. Non seulement le but moral reste obscur, mais encore la vérité historique est immolée sans pudeur. Aussi Lucain n'a-t-il exercé aucune influence sociale et politique, il a prêté à la passion un langage menteur, et dénué de la connaissance du cœur humain, il n'a laissé qu'une œuvre inutile. Tous ses jugements sur les choses et sur les hommes de son époque, sont téméraires, hasardés, et répandent une obscurité profonde sur l'étude des guerres civiles, qu'il prétend raconter.

Les Romains n'ont eu d'autre auteur tragique qu'un *Sénèque*, selon les uns, le philosophe lui-même, selon les autres, un personnage tout-à-fait différent. Quoiqu'il en soit, ce Sénèque, a laissé *dix* Tragédies, qui ne semblent pas avoir été composées en vue de la représentation scénique, mais dont la Lecture sans intérêt pour les esprits sérieux, n'est pas sans danger, pour les imaginations impressionnables.

La Comédie a brillé d'un vif éclat, grâce au génie de Plaute, et à l'esprit de Térence.

La Satire fut tenue par des maîtres. Nous avons déjà parlé de la verve bilieuse de Juvénal. A ses côtés se place, sans être éclipsé, *Perse*, dont le style obscur a toujours fait le désespoir des traducteurs. Ce satiriste, de mœurs privées irréprochables, vécut toujours dans la solitude. Il fut lié avec les esprits et les caractères les mieux trempés de son époque, avec le poète Lucain, et Thraséas, le plus vertueux citoyen de Rome, sous le sceptre de Néron.—D'une santé délicate, Perse mourut à la fleur de son âge. Les ouvrages qu'il nous a laissés, portent le cachet d'un caractère sérieux, sans exclusion d'une vivacité tempérée.

Nous sommes arrivés, Messieurs, au genre pastoral, et, après avoir salué en passant Horace, dont je vous ai si longtemps entretenu la dernière fois, comme poète lyrique et satirique, je m'inclinerai plus longtemps encore, à cette heure, devant Virgile.

Le chef-d'œuvre de ce grand poète est certainement sa première Eglogue, le morceau le plus pur de la poésie latine, et j'ose le dire, la perle la plus scintillante qui nous soit restée de l'imagination des Anciens.

Vous me permettrez, Messieurs, avant de clore cette Lecture déjà trop longue, de vous offrir, traduite en vers français, cette gracieuse idylle. L'original vous étant familier, vous pourrez juger de la valeur de la traduction.

Je vous ai déjà parlé du but social et politique que se proposait Virgile, sollicité par Mécène, instrument des volontés d'Auguste, en s'attachant au genre champêtre. Ses charmantes Eglogues et ses savantes Géorgiques avaient pour but de conjurer la ruine de la société romaine chancelante, en ramenant les citoyens vers le goût des études et des soins agricoles.

Dans la première Eglogue, Virgile, sous la physionomie de Tityre, raconte à Mélibée, qui s'exile loin de ses champs abandonnés aux vétérans d'Octave, comment il a obtenu de l'empereur de conserver son patrimoine.

Voici le dialogue qui s'établit alors entre les deux bergers.

MÉLIBÉE.

Etendu, cher Tityre, à l'ombre de ce hêtre,
Tu modules des airs sur ta flûte champêtre ;
Nous, des champs paternels fugitifs et bannis,
Nous quittons la frontière, exilés du pays.
Mais toi, Tityre, à l'ombre, et reposant tranquille,
Au nom d'Amaryllis, tu rends l'écho docile.

TITYRE.

O Mélibée, un Dieu m'a fait ce doux loisir,
Et toujours comme un Dieu, mon cœur doit le bénir.
Souvent un tendre agneau, choisi dans mon étable,
Teindra de sang l'autel de ce dieu favorable ;

Il voit sans déplaisir folâtrer mon troupeau,
Au gré de son caprice, il laisse mon pipeau.

MÉLIBÉE.

Moi, te porter envie ! ah ! plutôt je t'admire,
La campagne est en trouble, et tu chantes, Tityre !
Languissant je m'enfuis, mes chèvres avec moi ;
Celle-ci marche à peine, elle est sourde à ma voix,
Là, dans ces coudriers, j'ai vu la pauvre mère,
Déposer deux petits, mais ô douleur amère !
Sur la crête d'un roc, ils sont restés tous deux.
Ah ! quel aveuglement m'avait voilé les yeux !
Plus d'une fois la foudre a frappé les grands chênes ;
La sinistre corneille avait prédit mes peines,
Lorsque du fond de l'yeuse, on entendait sa voix,
Mais quel est donc ce Dieu ? Tityre, dis-le moi.

TITYRE.

La ville au nom fameux, Rome... berger sauvage,
Je la croyais semblable au bourg du voisinage,
Où nous, simples pasteurs, souvent nous conduisons
De nos chères brebis les tendres rejetons.
Ainsi je comparais les chevreaux à leurs mères,
Les chiens jeunes encore, aux molosses leurs pères ;
Des plus faibles degrés je montais aux plus grands :
Tel est l'esprit borné, qui règne dans nos champs.
Mais sur tous nos hameaux Rome lève sa tête,
Comme, parmi les joncs les cyprès ont leur faite.

MÉLIBÉE.

Et quel puissant motif y conduisait tes pas ?

TITYRE.

La liberté ; pour moi, j'y reçonnais déjà ;
Elle me vint bien tard, déjà de mon visage
S'échappait sous l'acier un poil blanchi par l'âge.
Enfin par sa visite, elle accueillit mes vœux,
Depuis qu'Amaryllis est l'objet de mes feux.
Oui, tant que Galatée à ses lois m'asservit,
D'augmenter ma fortune, adieu le noir souci.
De m'affranchir un jour, je perdais l'espérance,
Mon pécule jamais n'apportait l'abondance ;

Il sortait de mes parcs un bétail engraissé,
Pour une ville ingrate, en vain j'avais pressé
Avec soin, avec art, un savoureux laitage ;
J'étais léger d'argent, au retour du village.

MÉLIBÉE.

Je m'étonnais de voir l'amante de ton choix
Invoquer tous les dieux d'une tremblante voix.
Tityre était bien loin : pins, arbrisseaux et rives,
Tout rappelait leur maître avec des voix plaintives.
Je ne demande plus pour quel amour absent,
A la branche on laissait pendre un fruit succulent.

TITYRE.

Mais comment être libre, et finir mes misères,
Aurais-je ailleurs trouvé des dieux plus tutélaires ?
Mélibée, oh ! j'ai vu le jeune homme éclatant,
Pour qui deux fois l'année on fait fumer l'encens.
Il daigna compatir à ma détresse extrême,
Ecouter ma prière, et me dire lui-même :
“ Menez paître, bergers, comme avant, vos troupeaux,
Asservissez au joug les farouches taureaux ! ”

MÉLIBÉE.

O trop heureux vieillard ! bien que des marécages,
Hérissés de leurs joncs, couvrent les pâturages,
Bien que le sol soit nu, tes champs te resteront !
A tes modestes vœux, toujours ils suffiront !
Tes chèvres seront loin du triste voisinage,
D'un troupeau que la peste et décime et ravage ;
Et pleines, tes brebis n'auront pas à brouter
Les herbages mortels, d'un terrain étranger.
O fortuné vieillard ! sur ces riantes rives,
Tu viendras chercher l'ombre auprès des sources vives.
Les abeilles d'Hybla dont le bourdonnement
Invite au doux sommeil le pasteur indolent,
Butineront les fleurs du saule au vert feuillage,
Qui borne, heureux mortel, ton paisible héritage.
Ici, tout en cueillant, des fleurs pour son troupeau,
Le bouvier s'égaira par les chants du hameau,
Ici roucoulera ta palombe fidèle,
Tandis que gémira la triste tourterelle !

TITYRE.

Oui, les cerfs voleront dans les plaines des airs,
Les poissons pour la plage émigreront des mers,
Les Parthes exilés changeront de patrie,
Pour occuper les bords de la Saône fleurie,
Et les Germains, du Tigre iront boire les eaux,
Avant que mon cœur perde un seul trait du héros.

MÉLIBÉE.

Nous, nous irons les uns, sous les feux de l'Afrique,
Les autres vers l'Oaxe, et le désert Scythique ;
D'autres aborderont les Bretons que la mer
Isole de tout peuple au bout de l'univers.
Nous ne foulerons plus le sol de la patrie,
Après un long exil, de nos cœurs plus chérie.
Adieu, pauvre cabane, adieu, rustique toit,
Et vous épis, confins du champ dont j'étais roi.
Quoi ! j'aurais fait couler ma sueur nourricière,
Pour laisser ma récolte au soldat mercenaire!
Ces moissons, d'un Gaulois deviendront le butin !
De la guerre civile, hélas ! voilà la fin ;
Voilà de quels soldats deviendra le partage,
Le champ de mes aïeux, de mes fils l'apanage !
Plante donc tes poiriers ; dans un ordre parfait,
Aligne donc tes ceps : ton bonheur est complet !
Etendu mollement sur un lit de feuillage,
Je ne vous verrai plus, de mon antre sauvage,
Suspendus, mes chevreaux, sur des rocs épineux.
De mon pipeau léger, adieu les chants joyeux !
Je ne vous verrai plus, ô mes chèvres chéries,
Brouter le saule amer, les luzernes fleuries.

TITYRE.

Tu pourrais cependant passer ici la nuit,
Et dormir avec moi, sur l'herbe, en ce réduit.
Nous aurons pour repas la chataigne odorante,
Avec du lait pressé, la pomme succulente.
Au loin fument déjà les toits de nos hameaux,
Et s'avance la nuit du sommet des coteaux.

Des applaudissements ayant accueilli la lecture de cette traduction, M. Magny a avoué qu'il en était l'auteur.

www.ingramcontent.com/pod-product-compliance
Ingram Content Group UK Ltd.
Pitfield, Milton Keynes, MK11 3LW, UK
UKHW020452230726
13925UKWH00005B/1881